© 2008, Editorial LIBSA
C/ San Rafael, 4
28108 Alcobendas (Madrid)
Tel.: (34) 91 657 25 80
Fax: (34) 91 657 25 83
e-mail: libsa@libsa.es
www.libsa.es

Textos: Mauricio Robles / Equipo Editorial LIBSA
Ilustraciones y fotos: Mauricio Robles / Equipo Editorial LIBSA
Edición: Equipo editorial LIBSA
Maquetación: Equipo de maquetación LIBSA
Estilismo: Manuel López Ibarra

ISBN: 978-84-662-1669-2

ORIGAMI
para niños

LIBSA

✔ ¿QUÉ ES EL ORIGAMI?

El origami es un arte enraizado en la cultura japonesa desde hace siglos; sus inicios fueron los «noshis», ofrendas que se hacían en los templos budistas envueltas en papeles de colores primorosamente doblados.

Con el tiempo fueron naciendo figuras complejas, como el pájaro o la rana, y estas figuras se transmitían de generación en generación por medio de las madres, que se las enseñaban a los hijos.

Pero el nombre «origami» nació en en siglo XIX a partir de los términos 'oru' ('doblar') y 'kami' ('papel').

Actualmente, el origami es conocido y practicado por personas de todo el mundo, y de una manualidad tradicional está pasando a ser una afición intelectual y científica.

✔ CÓMO USAR ESTE LIBRO

En este libro encontrarás 17 figuras que podrás realizar fácilmente siguiendo los paso a paso que te proponemos. Eso sí, debes de tener paciencia y realizar todos y cada uno de los pasos... ¡no te saltes ninguno!

Las figuras se presentan por orden de dificultad, de tal manera que las primeras son las más fáciles de ejecutar. Según vayas pasando páginas y logrando realizar los modelos, la dificultad de los mismos también irá en aumento.

✔ CAMINO HACIA EL ÉXITO

Cada figura va precedida de un recuadro que te indicará el nivel de dificultad que tiene. También encontrarás al comienzo de cada modelo interesantes sugerencias que te ayudarán a realizarlo con éxito.

DIFICULTAD	DIFICULTAD	DIFICULTAD	DIFICULTAD
Principiante	Aprendiz	Experto	Maestro
Las técnicas más básicas y los plegados más fáciles.	Las figuras se complican un poquito más, pero todavía son fáciles.	Aquí las figuras presentan técnicas más complicadas.	Si eres capaz de realizarlas, es que te has convertido en un maestro.

✔ CONSEJOS PARA PRINCIPIANTES

Para hacer un plegado sólo se necesitan las manos y el papel, aunque también los cortes y el pegamento pueden ayudarte a realizar las figuras.

Cualquier tipo de papel sirve para hacer los plegados: de regalo, de publicidad, de periódico... Con el tiempo, puedes utilizar papel de colores y, cuando te conviertas en un maestro del origami, puedes utilizar papel de arroz, el papel japonés de dos colores.

Aquí tienes unos breves consejos que te ayudarán a convertirte en un buen origamista:

-Utiliza papel manejable.
-Haz los plegados de forma cuidadosa, sobre todo los vértices.
-Trabaja en una superficie lisa y dura.
-Pasa la uña del dedo pulgar a lo largo de los pliegues para facilitar los pasos siguientes.

-Sigue la secuencia de cada modelo, y no omitas ningún paso.
-Pon mucha atención a la ejecución de cada paso, la dirección que debes seguir y los pliegues que debes hacer.
-Practica y piensa cómo hacer nuevas figuras.

✓ TÉCNICAS DE PLEGADO

En el origami, todos los pliegues se representan gráficamente con varios tipos de líneas y una flecha asociada a dichas líneas. Lo mejor sería que antes de realizar las figuras que te proponemos, practicaras con papel que no valga los pliegues que vamos a usar a lo largo del libro, y que son los siguientes:

PLIEGUE VALLE

Consiste en doblar hacia delante, llevando un lado del papel sobre él mismo.

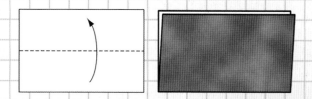

PLIEGUE MONTE

Consiste en doblar hacia atrás, llevando un lado del papel sobre él mismo.

PLIEGUE ESCALONADO

Consiste en un pliegue valle y un pliegue monte. La flecha que lo marca señala en la del valle.

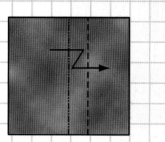

PLIEGUE HUNDIDO

Consiste en cambiar la dirección de la punta hacia el interior del modelo. Al terminar el hundido, el modelo queda plano.

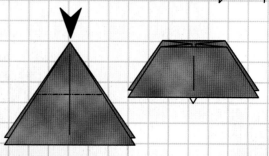

PLIEGUE HENDIDO

Pliegue similar al hundido, que tiene por objeto cambiar la dirección de las puntas. Se consigue doblando la punta hacia el interior.

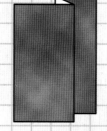

PLIEGUE VUELTO

Pliegue similar al hendido con una única diferencia, que la punta se dobla hacia el exterior.

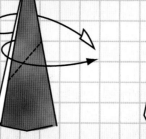
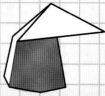

OREJA DE CONEJO

Consiste en afinar la punta del modelo, cambiándola simultáneamente de dirección.

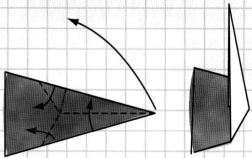
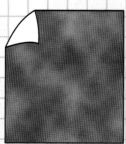

DOBLE OREJA DE CONEJO

Consiste en hacer por cada lado de la punta, una oreja de conejo.

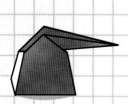
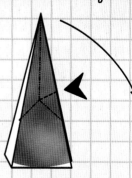
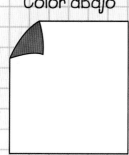

✓ # SÍMBOLOS

POSICIÓN DEL PAPEL

Color arriba	Color abajo	Papel de un solo color

– – – – – – – – – Pliegue valle	Repetir tantas veces como rayas tenga la flecha
–··–··–··–··– Pliegue monte	
– · – · – · – · – Plegar y doblar	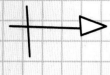
 Plegar	90 Girar
Plegar de forma escalonada	
Hundir	Dar la vuelta al modelo

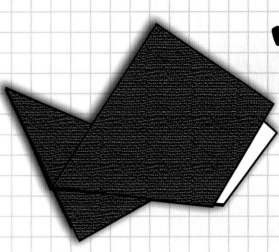

✓ PEZ MARIPOSA

✓ Tamaño
Su tamaño varía de 10 a 20 cm. Suelen ser aplanados y muchos tienen la boca alargada a modo de pico o pinzas de hasta 3 cm.

✓ Reproducción
La mayoría forma parejas para toda la vida. Desovan en corrientes que alejan los huevos hacia alta mar. Al crecer, los peces vuelven a los arrecifes.

✓ Alimentación
Sobre todo corales, gusanos, crustáceos e invertebrados.

DIFICULTAD

✓ CÓMO HACER UN PEZ MARIPOSA

Comienza creando este tipo de pez. ¡Es muy fácil!

NO OLVIDES

Ninguna figura sale bien al primer intento, no importa cuánta experiencia y habilidad tengamos. ¡Pero eso mismo forma parte de la fascinación del papel plegado!

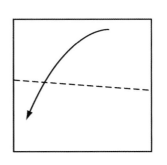

1

Haz un doblez que no sea totalmente horizontal.

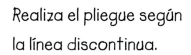

Realiza el pliegue según la línea discontinua.

3

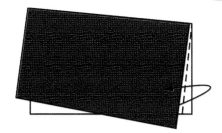

2 Figura con el pliegue monte anterior realizado.

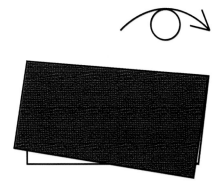

5

Figura con los pliegues anteriores realizados.

4 Pliega la esquina derecha hacia el lado contrario.

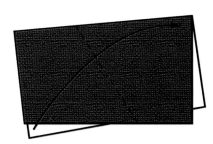

7 ¡Figura terminada!

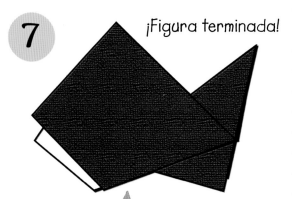

Por último, dale la vuelta.

6

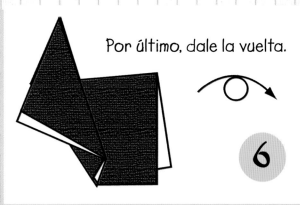

✓ ¡Seguro que tu pez mariposa se parece a estos!

✔ PINGÜINO

✔ Tamaño
El más grande es el pingüino emperador, con unos 115 cm de alto y hasta 40 kg. Otras especies no llegan a alcanzar 50 cm de altura ni a los 3 kg de peso.

✔ Reproducción
La mayoría forma parejas para toda la vida. Ponen uno o varios huevos, pero sólo sobrevivirá una cría, la primera que nace y que echa del nido a sus hermanos.

✔ Alimentación
Se alimentan de krill (pequeños camarones de la Antártida), peces, calamares y otras criaturas que capturan en sus nados submarinos.

DIFICULTAD

✔ CÓMO HACER UN PINGÜINO

¡Sigue los pasos con cuidado!

CONSEJO

Hay que aprender a interpretar los diagramas y a veces necesitamos paciencia, muchas pruebas y equivocarnos varias veces hasta llegar al plegado que se propone.

Realiza los pliegues de la figura siguiendo la flecha.

1

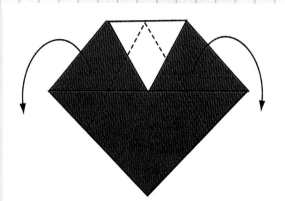

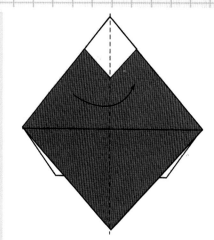

3

Pliega la parte izquierda sobre la derecha.

2

Dobla hacia atrás según la línea de puntos a ambos lados.

4

Mete las puntas de la pieza rectangular hacia el interior. Saca la cabeza del pingüino.

5

Dobla hacia atrás por la línea discontinua.

6

Pliega en la dirección que indican las flechas.

7

¡Figura completa!

✓ ¿Así ha quedado tu pingüino?

✓ ZORRO

✓ Tamaño

Mide entre 65 y 75 cm, además de tener una cola de unos 40 cm. Pesa entre 5 y 8 kg.

✓ Reproducción

La gestación de las hembras dura unos 50 días. Puede tener de tres a siete cachorritos en cada parto. Los trae al mundo en cubiles o pequeñas cuevas que ha excavado antes.

✓ Alimentación

Aunque sea carnívoro, también come frutos del bosque, bayas y vegetales. Pero sus platos preferidos son los conejos, liebres, ratoncillos, pájaros y… alguna gallina, pues no teme merodear por granjas y poblaciones humanas si puede sacar algún beneficio de ello.

✓ CÓMO HACER UN ZORRO

DIFICULTAD

¡Haz tu propio zorro para jugar con él!

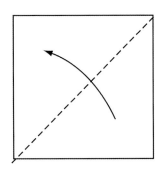

1

Dobla el papel en la dirección de la flecha.

CONSEJO

Los pliegues deben estar bien marcados. Hay que trabajar sobre la mesa y, si es necesario, ayúdate con una moneda o una cucharilla para repasar los pliegues.

2 Pliega y despliega el triángulo así obtenido.

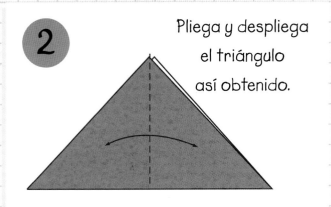

3 Realiza los pliegues tal y como se proponen.

4 Dobla por la mitad.

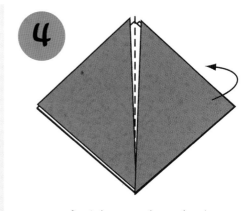

Realiza el pliegue de la primera capa en la dirección de la flecha.

5

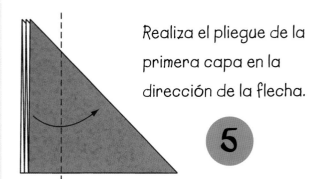

✓ Prueba a hacer figuras de distinto tamaño, ¡así jugar con ellas será más divertido!

A

6 Pliega A hacia abajo para crear la cabeza del zorro.

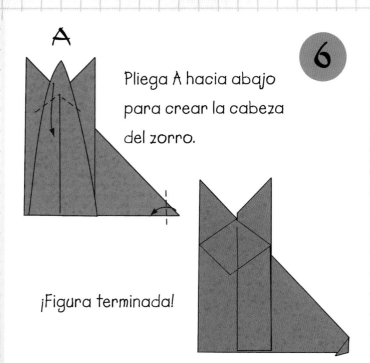

¡Figura terminada!

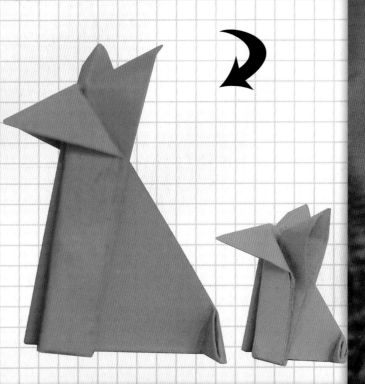

✓ MARIPOSA

✓ Tamaño
Se conocen más de 155.000 especies de mariposas. Hay mariposas de apenas 1 cm, mientras que otras alcanzan los 25 cm.

✓ Reproducción
Las mariposas ponen entre 50 y 1.000 huevos, dependiendo de la especie. Este huevo sufre cuatro grandes cambios hasta convertirse en mariposa.

✓ Alimentación
Se alimentan de néctar y otros líquidos que sustraen de las flores.

DIFICULTAD ● ● ● ●

✓ CÓMO HACER UNA MARIPOSA

¡Crea una bonita mariposa en tan sólo 8 pasos!

CONSEJO

Éste no es un arte para impacientes; hay que disfrutar de cada paso y tomarse el tiempo necesario para completarlo a conciencia.

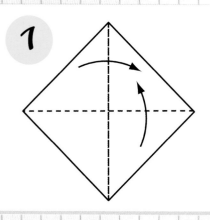

1

Ejecuta los pliegues como aparecen en la figura.

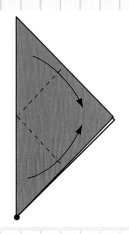

2

Pliega según la dirección que indican las flechas.

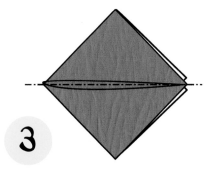

3

Figura con los pliegues anteriores ya realizados.

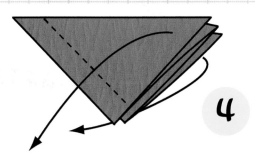

4

Dobla por la mitad y ejecuta el pliegue propuesto.

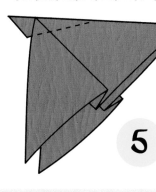

5

Realiza el pliegue del otro lado dejando la capa central. Pliega la cabeza.

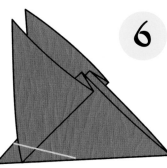

Figura con todos los pliegues ya hechos.

6

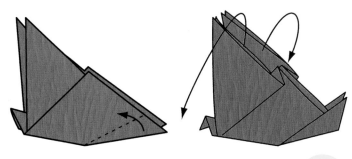

Haz el pliegue y despliega.

7

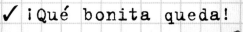

✓ ¡Qué bonita queda!

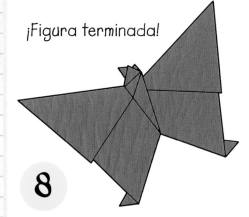

¡Figura terminada!

8

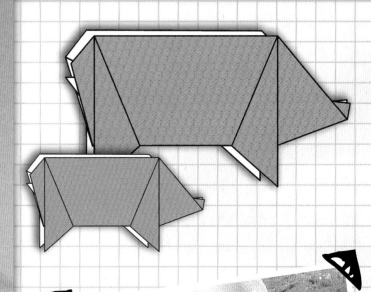

✓ CERDO

✓ Tamaño

Pueden medir unos 2 m y pesar más de 500 kg, aunque debido a las técnicas de engorde estas tallas varían mucho.

✓ Reproducción

La hembra suele tener de 7 a 12 crías o lechones en cada camada. Su gestación dura 115 días y puede tener varias camadas al año.

✓ Alimentación

Los cerdos son uno de los mejores ejemplos de animal omnívoro, pues come absolutamente de todo. Ya en época griega y romana el cerdo era considerado como el animal de abasto por excelencia.

DIFICULTAD ● ● ● ●

✓ CÓMO HACER UN CERDITO

¡Comienza a hacer tu propia granja!

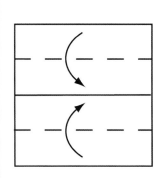

1

Dobla por los pliegues indicados según las flechas.

CONSEJO

Es buena idea que los amigos y la familia sean los destinatarios de las piezas que repetimos. ¡A ellos les encantará, y tú no dejarás de mejorar!

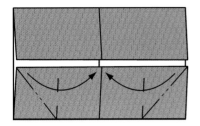

2

Hunde los pliegues de las esquinas superiores hacia el interior de la figura.

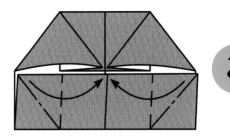

3

Realiza los mismos pliegues del paso 2, esta vez en las esquinas inferiores.

4

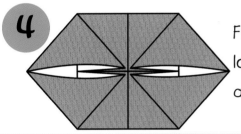

Figura con los dobleces anteriores.

Dobla la figura por la mitad.

5

6

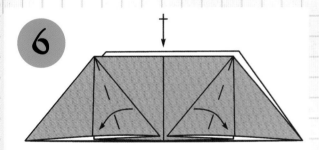

Realiza las patas del cerdito ejecutando los dobleces indicados.

7

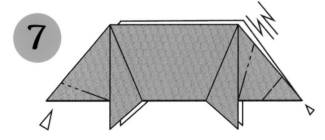

Para la cola, en el lado derecho haz un pliegue escalonado hacia dentro. La cabeza, en el lado izquierdo, lleva un doblez sencillo.

8

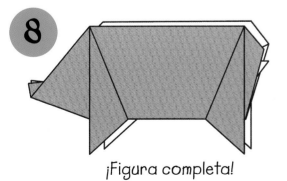

¡Figura completa!

✓ Madre e hijo, ¡qué simpáticos!

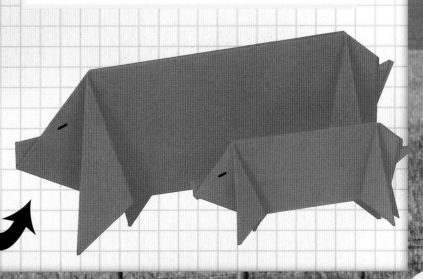

✓ CONEJO

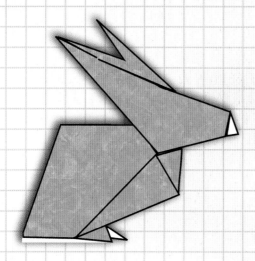

✓ Tamaño

Mide de 33 a 40 cm entre la cabeza y el cuerpo, con una cola de 4 a 6 cm. Su peso es de 1 a 4 kg más o menos.

✓ Reproducción

Para parir, los conejos hacen una especie de cueva a medio metro del suelo, la conejera. La hembra tiene tres o cuatro embarazos al año, con unas cinco crías en cada uno.

✓ Alimentación

Son vegetarianos, aunque en ocasiones pueden comer insectos, larvas u otros animales. Se alimentan de hierba, setas, hongos, yemas, hojas, cortezas, frutos, bayas, todo ingerido de forma muy rápida.

DIFICULTAD

✓ CÓMO HACER UN CONEJO

¡Atención!
¡La dificultad va en aumento!

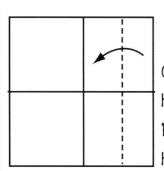

1

Crea las marcas horizontales y verticales. Pliega el lado derecho hacia el centro.

CONSEJO

En principio, las figuras con más pliegues necesitan un papel más fino y flexible, y las figuras sencillas quedan mejor si se realizan con un papel más grueso.

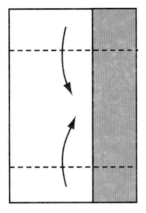

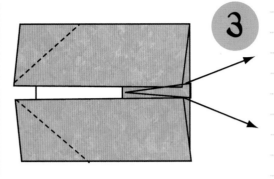

2

Pliega el lado superior y el lado inferior hacia el centro siguiendo la dirección de las flechas.

3

Dobla y desdobla la parte izquierda siguiendo las líneas discontinuas. Saca las puntas plegadas hacia el interior de la parte derecha como se indica.

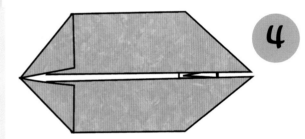

4

Figura con todos los pliegues y dobleces anteriores.

5

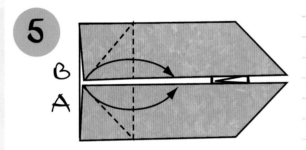

Lleva las esquinas A y B del lado izquierdo hacia el centro.

✓ ¡Es muy importante trabajar con las manos limpias para conseguir un buen resultado!

6

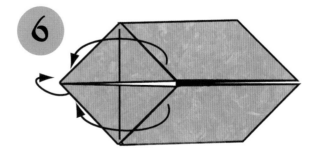

Gira hacia atrás la pieza cuadrada siguiendo las flechas.

7

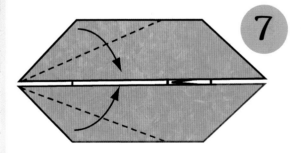

Pliega hacia el centro en la dirección de las flechas.

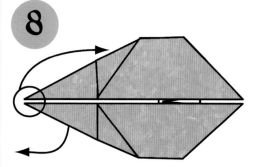

8

Coge las puntas y gira hacia delante como se indica.

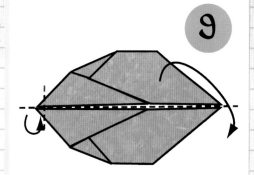

9

Dobla por la mitad desde la línea discontinua.

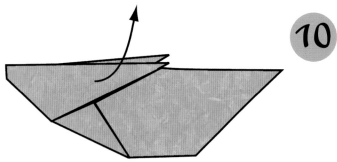

10

Levanta los pliegues que van a formar las orejas del conejo.

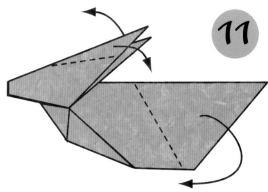

11

Haz los pliegues marcados por las líneas discontinuas.

✓ ¡Ánimo!
Si las haces
con cuidado,
te saldrán
así de bien

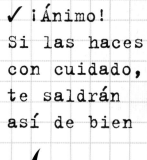

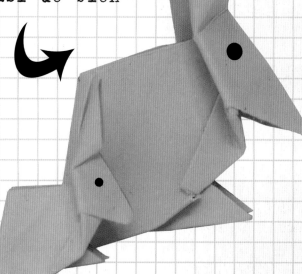

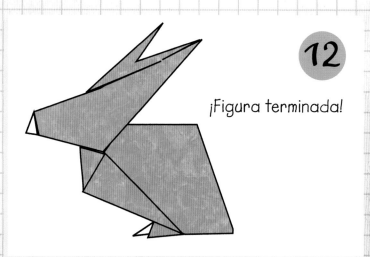

12

¡Figura terminada!

✓ PALOMA

✓ Tamaño

La paloma bravía mide unos 33 cm de longitud. Su cuerpo es rollizo, pero le permite un vuelo rápido.

✓ Reproducción

Construyen nidos con ramas y plumas entrelazadas en grietas y salientes. El macho se encarga de traer los materiales y la hembra lo construye. Una vez hecho, ésta pone uno o dos huevos.

✓ Alimentación

Los pichones se alimentan con un tipo especial de leche que sus padres segregan en el buche. Los adultos comen semillas, insectos y gusanos.

DIFICULTAD ○ ● ● ●

✓ CÓMO HACER UNA PALOMA

¡Tras 12 pasos tendrás una simpática paloma!

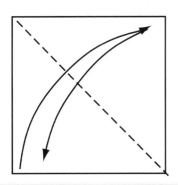

1

Dobla según la flecha.

CONSEJO

Para hacer figuras pequeñas con muchos plegados puedes fabricar tu propio papel pegando papel de aluminio con papel de seda. ¡Ya verás qué resultado!

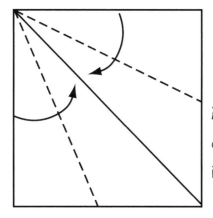

2

Realiza los dobleces indicados.

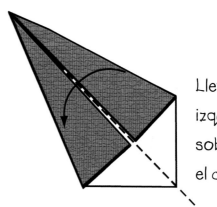

3

Lleva el lado izquierdo sobre el derecho.

El plegado ha de ser cuidadoso y pulcro, especialmente en los vértices.

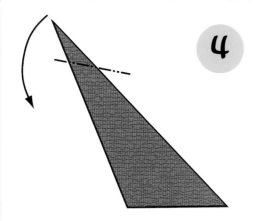

4

Pliega según indica la línea. Será la cabeza de la paloma.

5

Aspecto de la figura con los pliegues realizados.

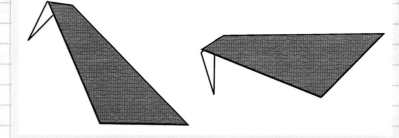

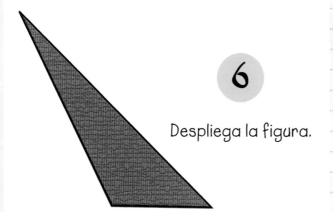

6

Despliega la figura.

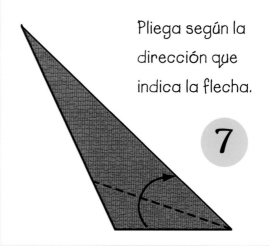

Pliega según la dirección que indica la flecha.

7

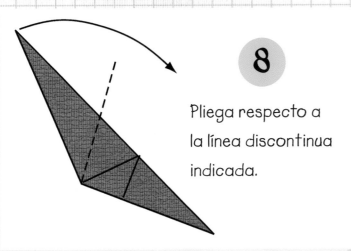

8

Pliega respecto a
la línea discontinua
indicada.

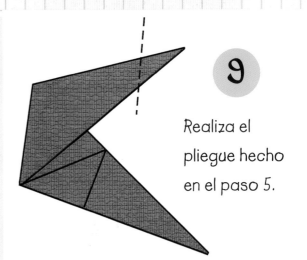

9

Realiza el
pliegue hecho
en el paso 5.

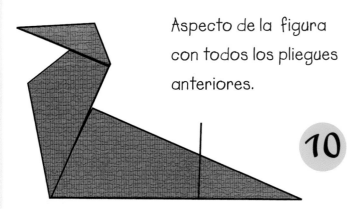

Aspecto de la figura
con todos los pliegues
anteriores.

10

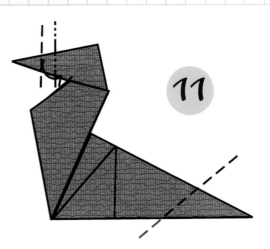

11

Pliega escalonadamente para
doblar el pico. Por último,
dobla la cola.

✓ **Intenta ser lo más exacto
posible. Así aumentará
la calidad de tu figura.**

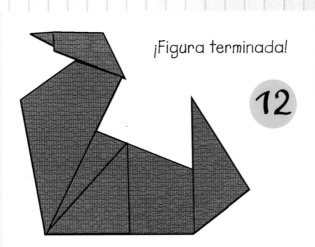

¡Figura terminada!

12

¡Tu paloma!

✓ CABALLO

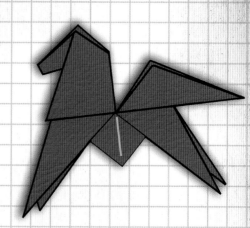

✓ Tamaño

Llegan a tener de 150 a 160 cm de alzada.
Pesa de 400 a 500 kg, aunque el percherón
llega a los 800 kg.

✓ Reproducción

Son animales sociables. Los grupos
están dirigidos por un macho dominante.
El período de gestación es de 11 a 12
meses. Nace una sola cría, que en muy
poco tiempo es capaz de mantenerse en
pie y andar. Vive hasta 30 años.

✓ Alimentación

Son herbívoros. Comen heno, alfalfa,
trébol, avena y cebada. Sus golosinas
son las zanahorias y las manzanas.
Algunas razas asilvestradas también
comen arbustos y hojas.

✓ CÓMO HACER UN CABALLO

⚪ ⚫ ⚫ ⚫

DIFICULTAD

¡Con este caballo y un poco de
imaginación, lo pasarás en grande!

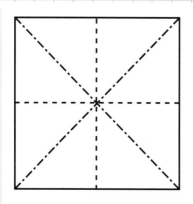

1

Realiza los
dobleces
del dibujo.

CONSEJO

La papiroflexia te servirá
para poner en práctica de
una forma divertida las
matemáticas del colegio;
sobre todo, lo que
aprendas en geometría.

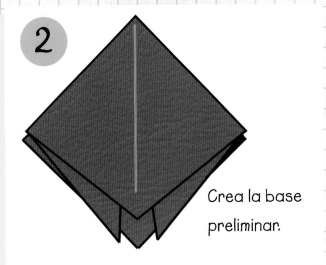

2 Crea la base preliminar.

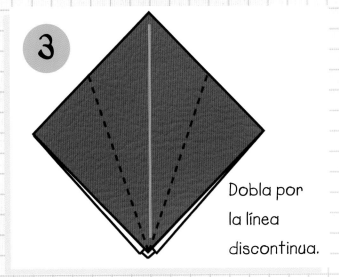

3 Dobla por la línea discontinua.

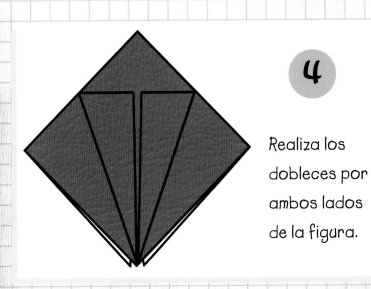

4 Realiza los dobleces por ambos lados de la figura.

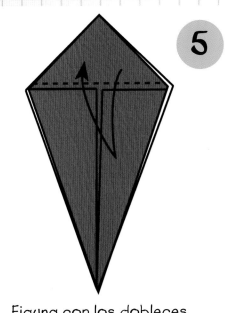
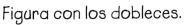

5 Figura con los dobleces.

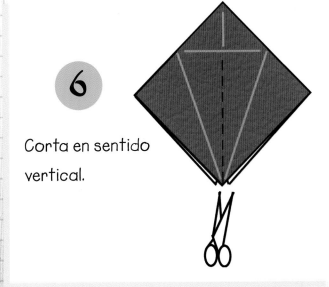

6 Corta en sentido vertical.

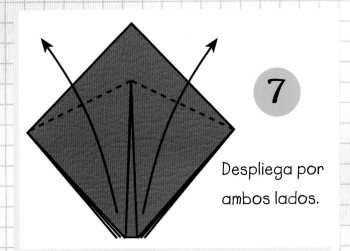

7 Despliega por ambos lados.

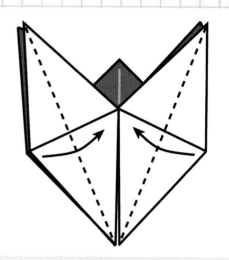

8

Crea los
dobleces
indicados.

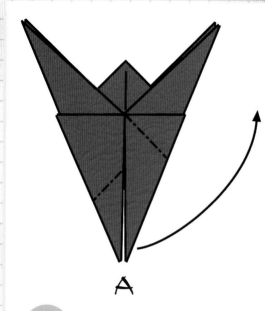

9

Lleva A hacia arriba.

A

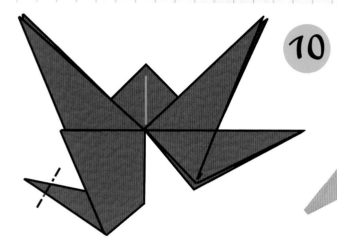

10

Figura con los últimos pliegues. Gírala.

11

¡Figura terminada!

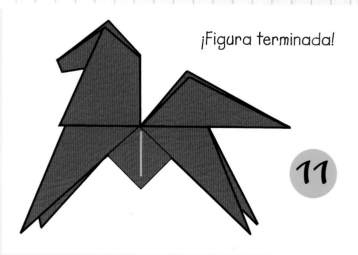

✓ ¡Comprueba cómo
en 11 pasos
se puede conseguir
un caballo igual
que este!

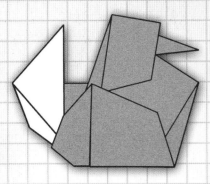

✓ PATO

✓ Tamaño

El tamaño depende mucho del tipo de pato, pero en general su longitud oscila entre 45 y 60 cm, y su peso, entre 4 y 15 kg. Las hembras suelen ser más pequeñas que los machos.

✓ Reproducción

La hembra pone de cuatro a 12 huevos en un nido situado, normalmente, en el suelo. Los rodea con plumón de su pecho. Los incuba un mes, y nacen entre cuatro y ocho crías.

✓ Alimentación

Ya sea buceando o sin bucear, la mayoría de los patos se alimentan de animales y plantas acuáticos e insectos y ranas.

DIFICULTAD

✓ CÓMO HACER UN PATO

¡Haz una de las figuras más populares del origami!

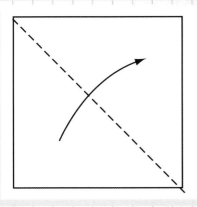

1

Pliega en la dirección que indica la flecha.

¿SABÍAS QUE...

... la papiroflexia se usa para rehabilitar dolencias musculares y nerviosas de las manos? Basta con dedicar un pequeño tiempo diario a practicarla.

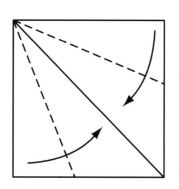

2

Dobla hacia el centro por la derecha y por la izquierda.

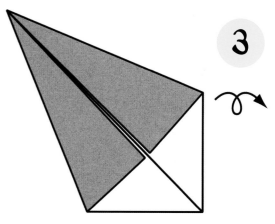

3

Figura con los pliegues. Gírala.

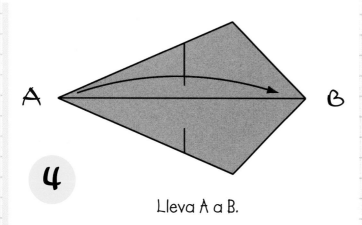

A

B

4

Lleva A a B.

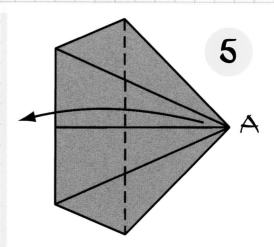

5

A

Despliega A hacia la dirección de la flecha.

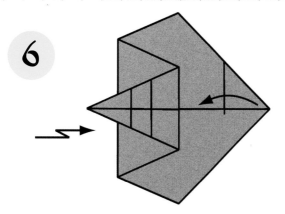

6

Realiza un pliegue escalonado y pliega la esquina de la derecha según la flecha.

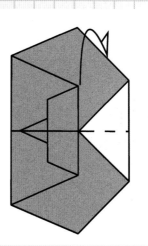

7

Dobla por la mitad.

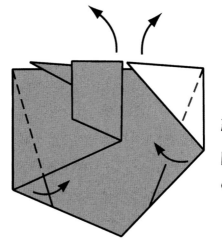

8

Realiza los pliegues propuestos en la figura.

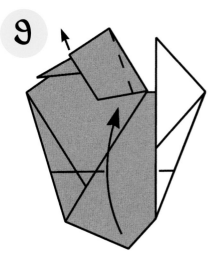

9

Saca la cabeza hacia el exterior. Dobla según la dirección de la fecha.

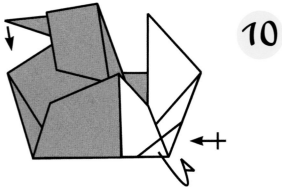

10

Realiza los últimos dobleces.

✓ ¡Qué bonito! Si lo haces con un papel resistente, puedes conseguir que flote en el agua.

11

¡Figura terminada!

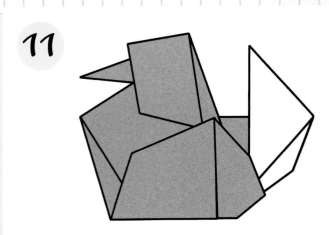

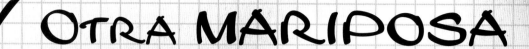

✓ Otra MARIPOSA

✓ Características

Las mariposas tienen cuatro alas. La mayoría de ellas presentan las alas anteriores o delanteras más grandes que las de atrás. Estas alas están recubiertas de pequeñas escamas que parecen un fino polvillo. Son estas escamas las que contienen los pigmentos que dan color a sus alas. Sus brillantes colores le sirven para camuflarse entre las flores.

✓ Localización

Viven en lugares con vegetación, a lo largo y ancho del mundo, excepto en las zonas donde nunca deshiela.

✓ CÓMO HACER UNA MARIPOSA

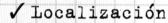

DIFICULTAD

¡Más difícil todavía! Intenta hacer ahora este modelo de mariposa.

CONSEJO

Como ya tenemos práctica en el plegado, esta vez atrévete a emplear papel de colores. ¡El resultado es espectacular!

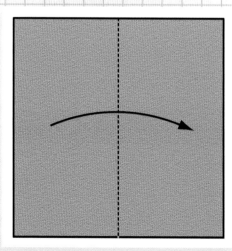

1

Pliega y despliega siguiendo la flecha del gráfico.

2

Pliega y despliega ambos lados.

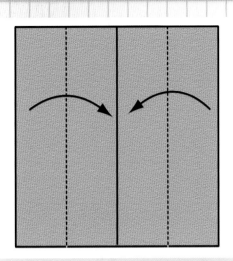

3 Dobla de A a B en dirección de la flecha.

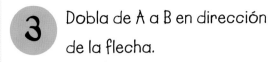

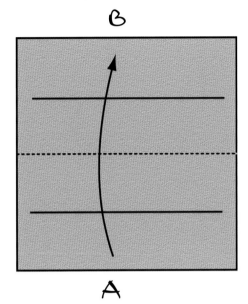

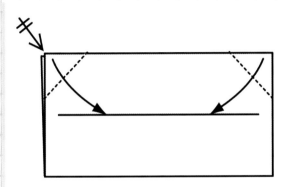

4 A continuación, dobla las puntas por ambos lados.

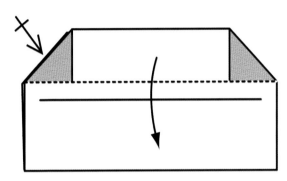

5 Pliega en la dirección de la flecha por ambos lados.

✓ Trabaja sobre una superficie dura y lisa; así conseguirás más exactitud en los pliegues.

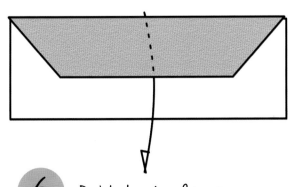

6 Dobla hacia afuera.

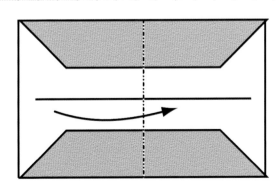

7 Pliega un lado sobre el otro.

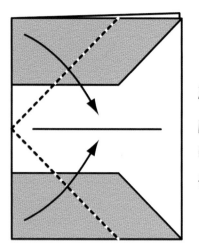

8

Realiza los pliegues que indican las flechas.

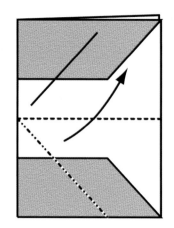

9

Pliega hacia el exterior la parte inferior siguiendo la flecha.

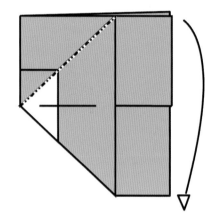

10 Dobla la punta de la derecha.

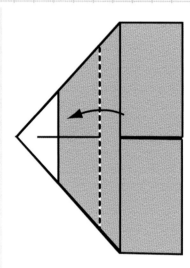

11

Pliega según la figura.

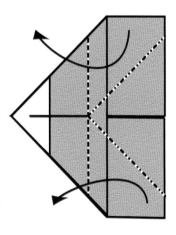

12

Saca los pliegues hacia el exterior en el sentido de las flechas.

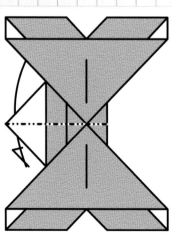

13 Figura con los pliegues anteriores realizados.

14 Realiza el movimiento.

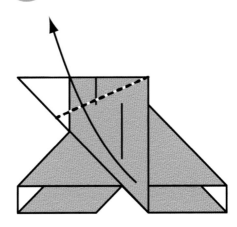

15

Sigue el desarrollo como aparece en el esquema.

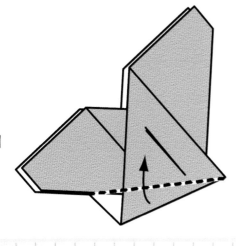

16 Pliega el rombo resultante.

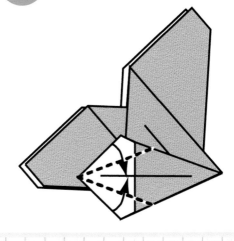

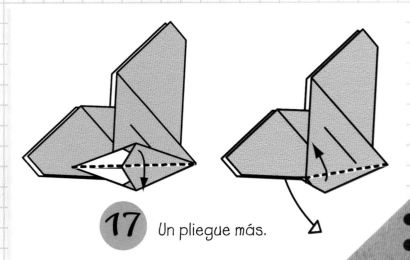

17 Un pliegue más.

✓ ¿A que parece que va a echar a volar?

18 Últimos pliegues y...

19

... ¡figura completa!

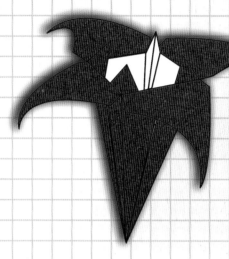

✓ ORQUÍDEA

✓ **Tamaño**
Es tan amplio que va desde menos de 1 cm, incluyendo flores, hasta más de 30 m de largo, adoptando forma de liana.

✓ **Características**
La familia de las orquídeas se caracteriza por una rara y extensa variedad de colores, tamaños y formas, debido a la adaptación de la planta a los diferentes animales polinizadores.

✓ **Localización**
Se distribuyen por todo el mundo, pero abundan en los trópicos. Muchas viven sobre los árboles, otras lo hacen sobre las rocas, otras sobre la tierra y algunas especies se desarrollan incluso en ambientes subterráneos.

DIFICULTAD ● ● ● ●

✓ CÓMO HACER UNA ORQUÍDEA

¿Quieres hacer ahora una flor para tu mariposa? ¡Sigue los pasos!

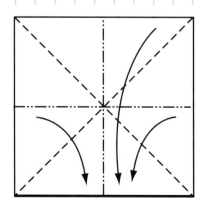

1

Realiza los pliegues del dibujo siguiendo las flechas.

CONSEJO

Hay que aprender a trabajar con papeles de diferentes brillos y grosores, hasta adquirir experiencia sobre su comportamiento.

2

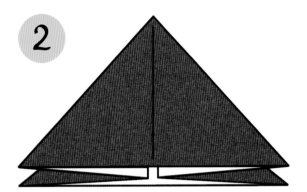

Base terminada.

3

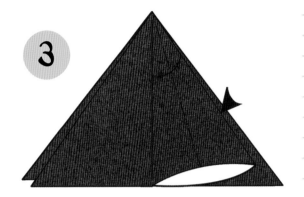

Pliega el lateral derecho hacia el interior.

4

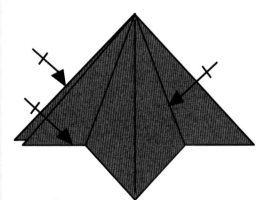

Repite el paso anterior en los otros tres laterales.

5

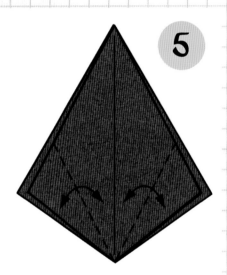

Pliega según la figura.

6

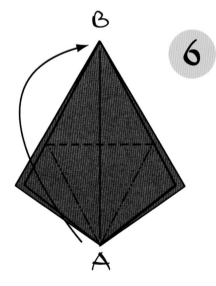

B

A

Lleva la esquina A a la esquina B según indica la flecha.

7

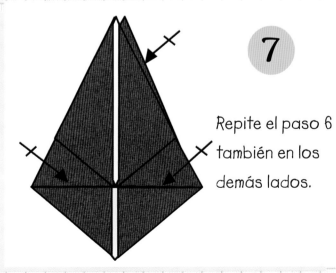

Repite el paso 6 también en los demás lados.

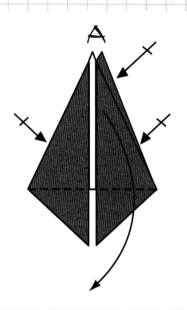

8

Coge la esquina A y llévala en dirección de la flecha. Repite lo mismo en el resto de las esquinas.

9

Pliega según se indica.

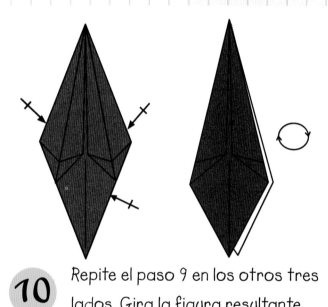

10 Repite el paso 9 en los otros tres lados. Gira la figura resultante.

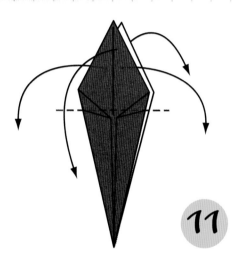

11

Por último, despliega los cuatro laterales como se indica.

✓ ¡Es preciosa!

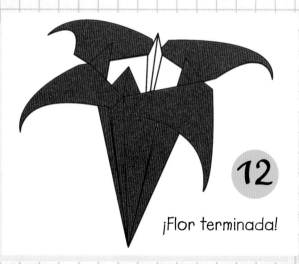

12

¡Flor terminada!

✓ Colibrí

✓ Tamaño

Los colibríes miden menos de
8 cm y pesan menos de 2 g. La longitud
del pico del colibrí pico de espada
alcanza… ¡10 cm de longitud!

✓ Reproducción

Construyen nidos en forma de copa
sobre una rama. Allí la hembra pone
dos huevos y los incuba hasta que
nacen.

✓ Alimentación

Los colibríes se alimentan de néctar y
polen, que obtienen introduciendo sus
largos picos dentro de las flores,
aunque a veces también comen insectos
si éstos se encuentran dentro de la
flor que han succionado.

✓ Cómo hacer un colibrí

¡Comienza a hacer el **pájaro más
pequeño que existe!**

DIFICULTAD

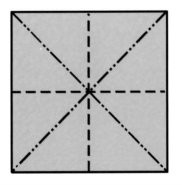

Haz los
dobleces del
dibujo.

Consejo

El mejor papel para
practicar origami es el de
arroz. Es el que se usa en
las exposiciones. Viene de
Japón y es de doble faz, es
decir, de dos colores.

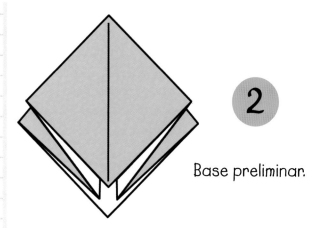

2

Base preliminar.

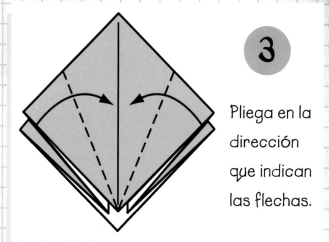

3

Pliega en la dirección que indican las flechas.

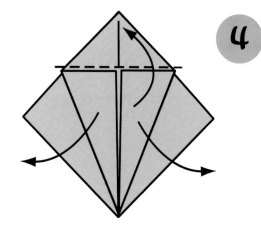

4

Haz el pliegue superior y despliega los tres pliegues hechos.

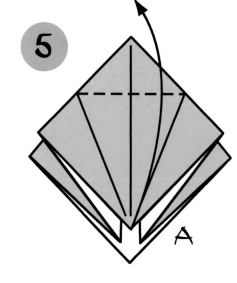

5

A

Lleva el punto A hacia la parte superior en la dirección que indica la flecha.

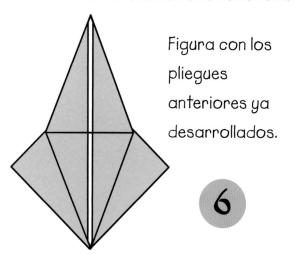

6

Figura con los pliegues anteriores ya desarrollados.

✓ ¿Sabías que ya en el siglo XVIII había en Japón libros con dibujos de modelos e instrucciones para plegarlos?

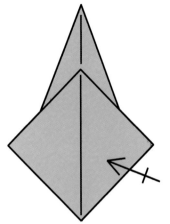

7

Pliega el otro lado siguiendo los pasos 5 y 6.

8

Pliega por la línea discontinua. A continuación, hazlo igualmente por el otro lado.

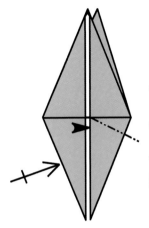

9

Figura con los pliegues anteriores ya realizados.

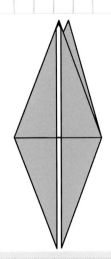

10

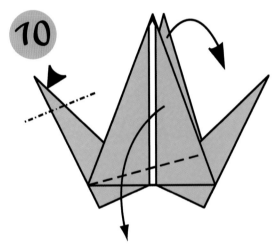

Pliega la cabeza y despliega las alas por ambos lados.

11

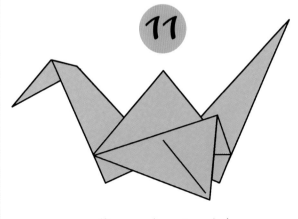

¡Figura terminada!

✓ ¡Puedes apoyar el colibrí sobre su abdomen o sobre su cola!

✓ RANA

✓ Tamaño

Mide de 5 a 10 cm. Hay ranas muy pequeñas, de unos 2 ó 3 cm, como la ranita de San Antonio.

✓ Reproducción

La rana pone cientos de huevos en el agua o en terreno muy húmedo. Ahí es donde el macho los fecunda. Los renacuajos van desarrollándose en la charca hasta completar su metamorfosis.

✓ Alimentación

Comen artrópodos, insectos, grillos, moscas, arañas... presas que puedan cazar vivas. Cuando son renacuajos suelen comer también algún vegetal, liquen o alga.

● ● ● ●

DIFICULTAD

✓ CÓMO HACER UNA RANA

Presta atención a todos los pasos para hacer esta rana. ¡Merece la pena!

CONSEJO

¡No desestimes los errores! Muchas figuras son producto de accidentes afortunados y sólo un ojo alerta puede percibir sus posibilidades.

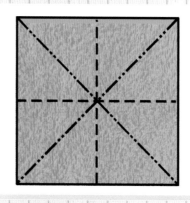

1

Crea los dobleces del dibujo.

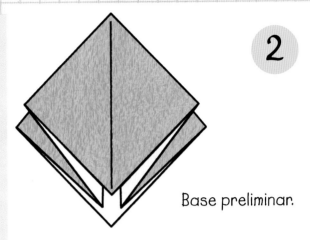

2

Base preliminar.

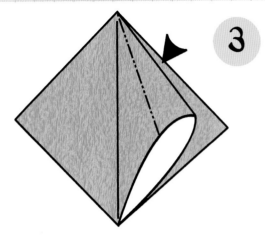

3

Pliega el lateral derecho hacia el interior como se indica.

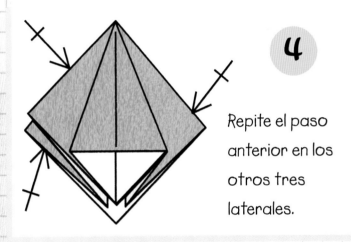

4

Repite el paso anterior en los otros tres laterales.

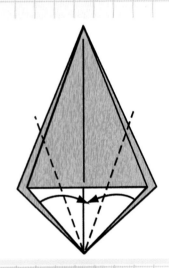

5

Pliega en el sentido de las flechas y despliega.

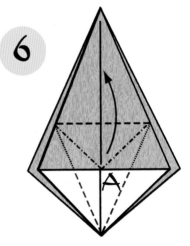

6

Levanta la esquina A y llévala en la dirección que indica la flecha.

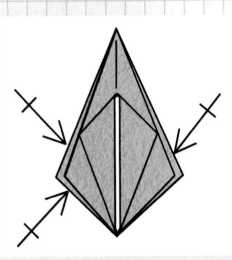

7

Repite el paso 6 en los otros tres lados restantes.

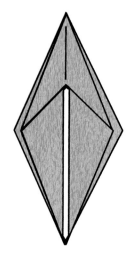

8

Figura con todos los dobleces ya realizados.

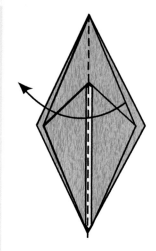

9

Lleva uno de los lados siguiendo la dirección de la flecha.

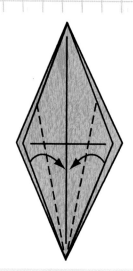

10

Realiza los dobleces indicados.

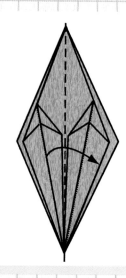

11

Pliega en la dirección indicada por la flecha.

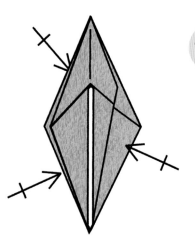

12

Realiza los pasos 10 y 11 en los restantes lados.

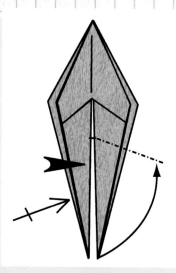

13

Haz los pliegues de las ancas según se indica.

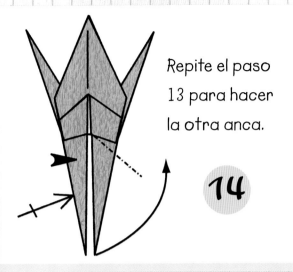

Repite el paso 13 para hacer la otra anca.

14

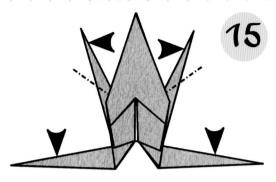

15

Figura con las cuatro ancas realizadas y extendidas.

16

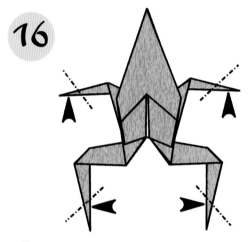

Últimos dobleces para darle a las ancas una forma más realista.

17

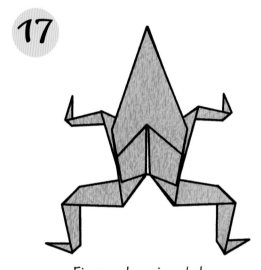

¡Figura terminada!

18

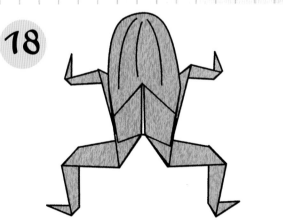

Figura redondeada con mayor volumen.

✓ ¡Comprueba el resultado!

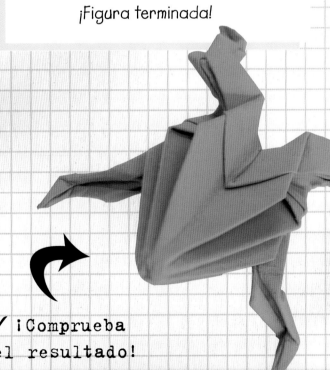

✓ CISNE

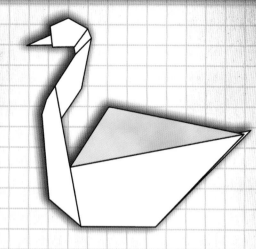

✓ Tamaño

El más pequeño es el cisne negro, con unos 5 kg de peso. El cisne blanco común pesa unos 13 kg y mide 150 cm.

✓ Reproducción

La mayoría de las parejas de cisnes duran toda la vida. Hacen nidos grandes y trabajados, con arcilla y ramas, pues suelen estar cerca del agua. En él ponen de tres a ocho huevos.

✓ Alimentación

Come plantas acuáticas, insectos y ranas. También, en épocas propicias, ingiere semillas.

✓ CÓMO HACER UN CISNE

● ● ● ●

DIFICULTAD

¡Un cisne en tres dimensiones a partir de una simple hoja!

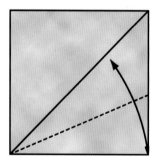

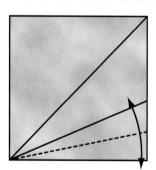

1 Pliega y despliega según se indica.

CONSEJO

Antes de hacer cada pliegue, fíjate bien en el modelo: observa lo que ya tienes y lo que debes obtener al realizar el siguiente pliegue.

2 Realiza los siguientes pliegues propuestos.

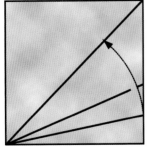 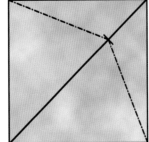

3 Figura con todas las marcas realizadas. Pliega según indican las flechas.

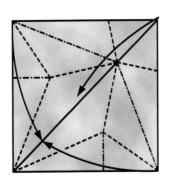

4 Figura resultante. Dobla por la mitad.

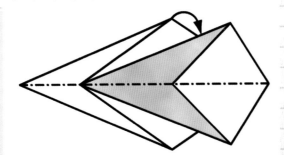

5 Lleva hacia adelante el doblez según se indica.

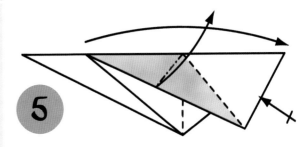

✓ ¿Sabías que existe una técnica llamada *bill fold* que consiste en crear figuras de todo tipo utilizando un billete de dólar?

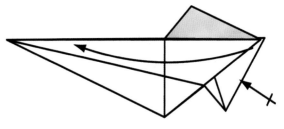

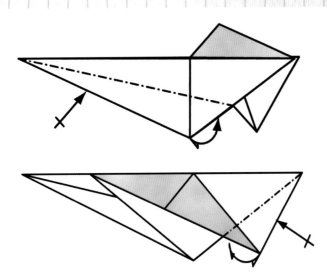

6 Pliega según la flecha.

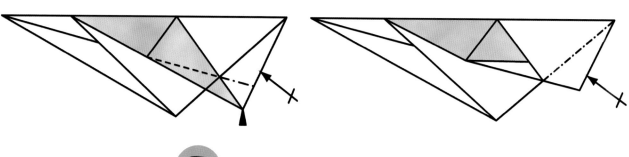

7 Realiza los pliegues propuestos.

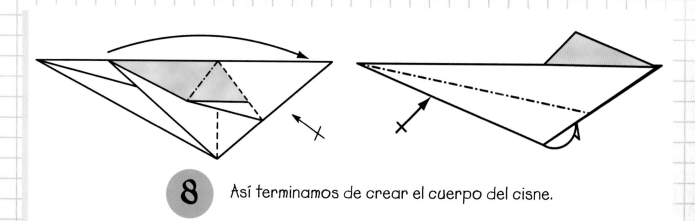

8 Así terminamos de crear el cuerpo del cisne.

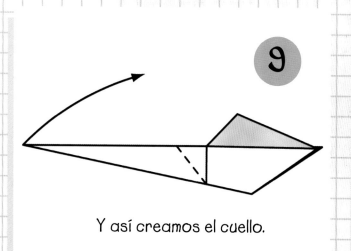

9

Y así creamos el cuello.

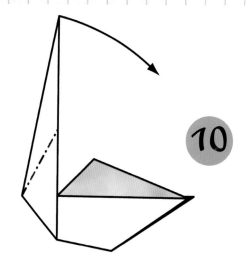

10

Dobla según la flecha...

11

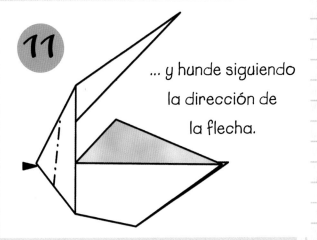

... y hunde siguiendo la dirección de la flecha.

12

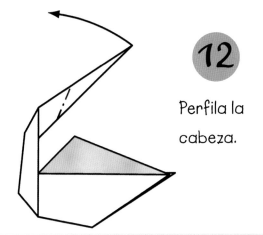

Perfila la cabeza.

13

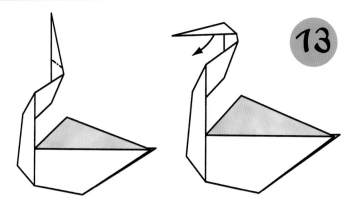

Últimos dobleces de la cabeza.

14

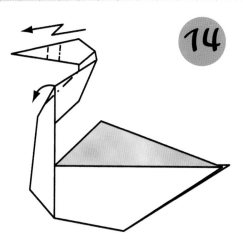

Realiza los dobleces del pico.

15

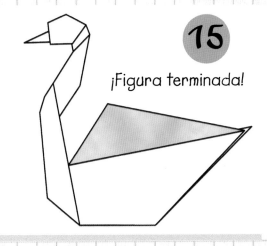

¡Figura terminada!

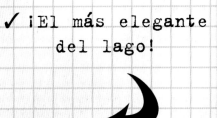

✓ ¡El más elegante del lago!

✓ ELEFANTE

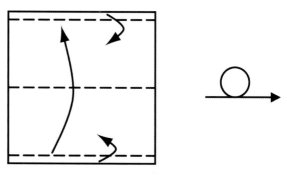

✓ Tamaño
De longitud mide 7 m, y de alto,
3 o 4 m. Su peso puede alcanzar los 6.000 o 7.000 kg.
Son los animales terrestres más grandes.

✓ Reproducción
La gestación de la elefanta
dura unos 20 meses y en muy
raros casos nace más de una
cría. El elefante tiene
una vida muy longeva: puede
vivir más de 100 años.

✓ Alimentación
Comen tallos, ramas, hierba...

✓ CÓMO HACER UN ELEFANTE

¡Tras conseguir este elefante
serás un maestro del origami!

DIFICULTAD ● ● ● ●

CONSEJO

Aunque no es necesario, te
puedes ayudar en figuras
difíciles con un pegamento
de secado rápido. Así
fijarás perfectamente los
pliegues.

1 Dobla por la mitad y los
laterales siguiendo las flechas.

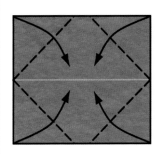

2

Pliega hacia el centro las cuatro esquinas como se indica.

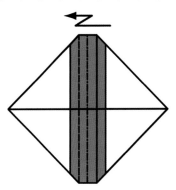

3

Pliega de forma escalonada la parte central de la figura.

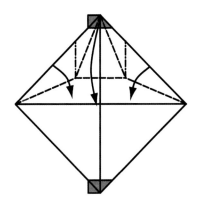

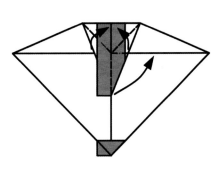

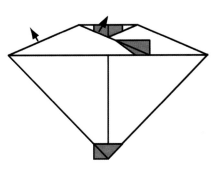

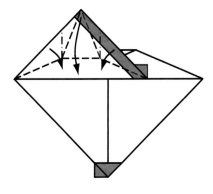

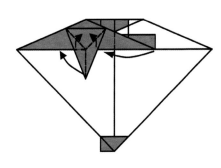

4

Realiza los pliegues propuestos.

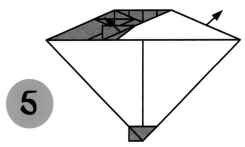

5

Saca hacia el exterior la parte de la derecha.

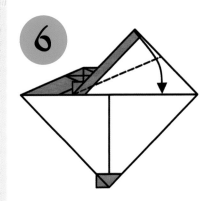

6

Pliega el lateral derecho en la dirección de la flecha.

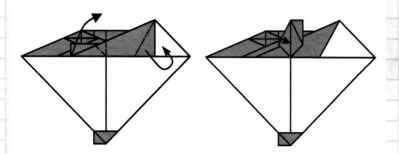

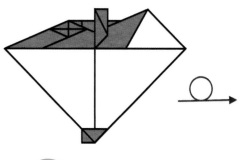

7 Introduce hacia el interior y sigue plegando.

8 Gira la figura.

9

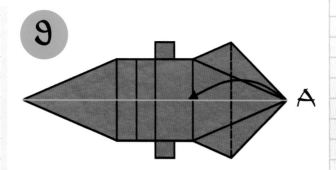

Pliega A en la dirección de la flecha.

10 Haz los pliegues interiores descritos en el dibujo.

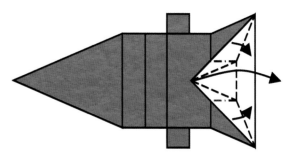

✓ Usa para esta figura un papel de tamaño folio o mayor, pues tiene muchos pliegues.

11

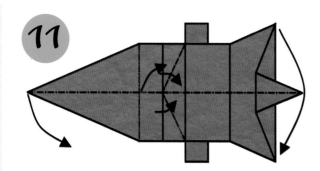

Realiza la cabeza doblando según se indica.

12

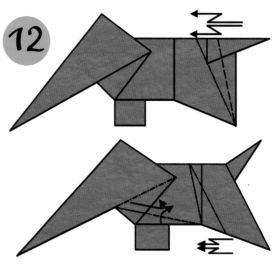

Pliegues escalonados para la cola y las patas.

13

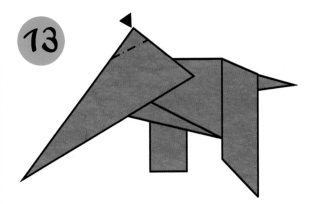

Figura con todos los pliegues realizados.

14

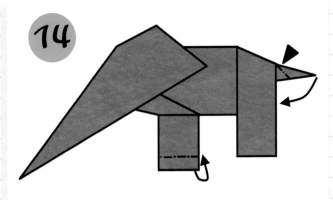

Dobla las patas y la cola.

15

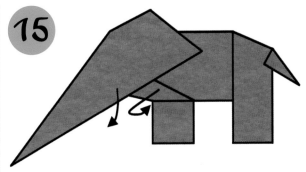

Saca el colmillo del elefante siguiendo las flechas.

16

Gira el colmillo.

17

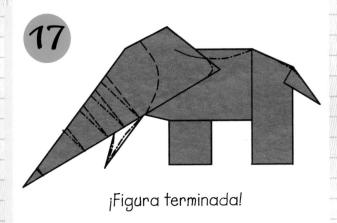

¡Figura terminada!

✓ ¡Observa el aspecto que adquiere usando papel con brillo!

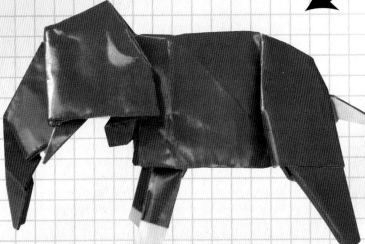

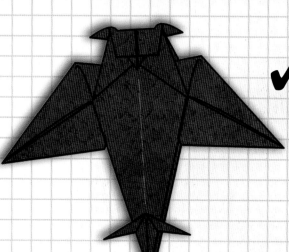

✓ BÚHO

✓ Tamaño

El búho común mide de 45 a 55 cm. Las hembras son mayores que los machos, y pueden rondar 1 kg de peso.

✓ Reproducción

La hembra pone de dos a tres huevos (llegando a 12 en algunas especies), pero cada uno en días diferentes. Incuba durante más o menos un mes. Al nacer, las crías permanecen dentro del nido durante más de dos meses.

✓ Alimentación

Comen pequeños mamíferos como ratones, ardillas y conejos, aves, reptiles, etc.

● ● ● ●

DIFICULTAD

✓ CÓMO HACER UN BÚHO

¡Hazte en un momento con un búho, símbolo de la sabiduría!

CONSEJO

Para hacer las figuras se suele usar un solo trozo de papel, aunque también hay multitud de modelos ornamentales, que se obtienen uniendo piezas de distintos colores.

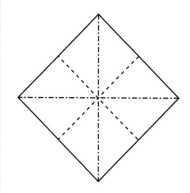

1

Realiza los pliegues para formar la base preliminar.

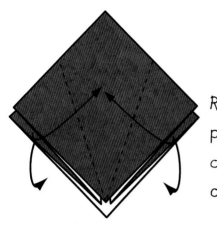

2

Realiza los pliegues del dibujo por ambos lados.

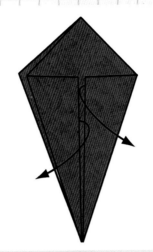

3

Despliega uno de los laterales.

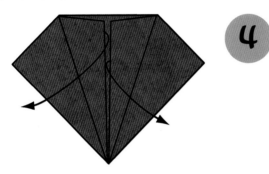

4

Envía la punta superior hacia atrás siguiendo las flechas.

5

Abre las dos pestañas.

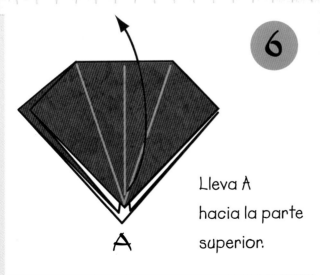

6

Lleva A hacia la parte superior.

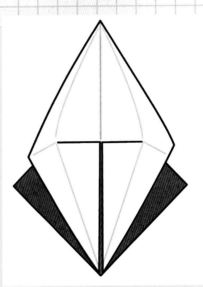

7

Figura con los pliegues superiores abiertos.

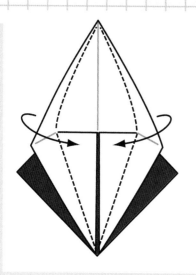

8

Se llevan los pliegues superiores hacia el centro.

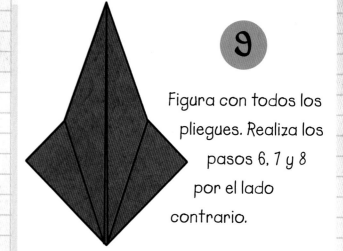

9

Figura con todos los pliegues. Realiza los pasos 6, 7 y 8 por el lado contrario.

✓ Las figuras de papel plegado inicialmente fueron de tipo ceremonial y religioso, como los *noshi*, que eran ofrendas hechas en celebraciones japonesas.

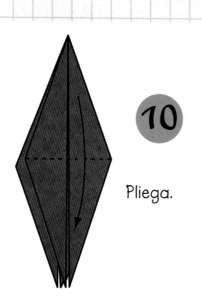

10

Pliega.

11

Pliega en dirección de la flecha.

12

Saca las alas.

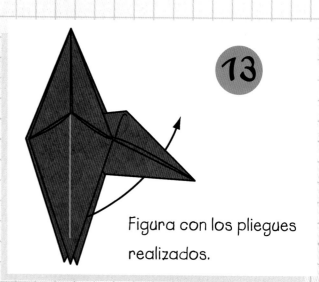

13

Figura con los pliegues realizados.

14

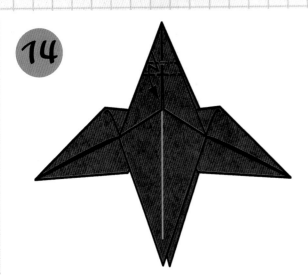

Realiza los dobleces
de la cabeza del búho.

15

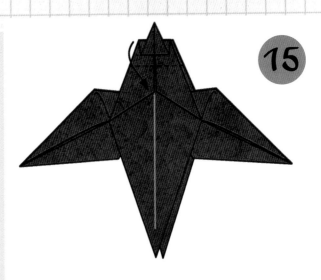

Pliega siguiendo la flecha para
dar forma a la cabeza.

16

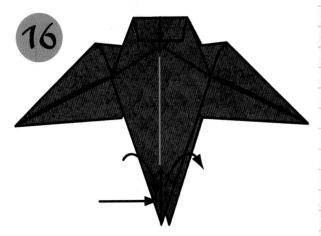

Da forma a las patas.

17

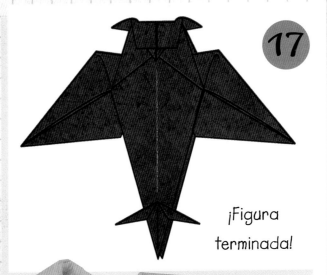

¡Figura
terminada!

✓ Con todo lo que has
aprendido seguro que
tu búho es igual o
mejor que éste,
¿verdad?

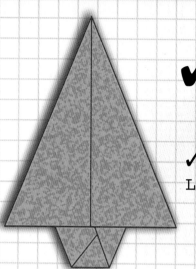

✓ ABETO

✓ Tamaño
Los abetos pueden medir de 10 a 80 m de altura.

✓ Características
Se distinguen de otros miembros de la familia de los pinos por sus hojas en forma de aguja, que están unidas a la rama por una especie de ventosa, y por sus frutos,que no se desprenden del árbol como las piñas de los pinos, sino que se descomponen.

✓ Localización
Crecen principalmente en Asia central y oriental, en el centro y sur de Europa, y en Norteamérica.

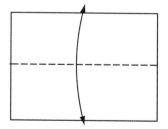

✓ CÓMO HACER UN ABETO

¡Pliega este abeto para tu búho!

DIFICULTAD

1 Dobla en dirección de la flecha y pliega los cuatro laterales.

CONSEJO

A partir de lo que has aprendido anímate a experimentar y a crear tus propias figuras. ¡Seguro que no tienen nada que envidiar a las que te hemos enseñado!

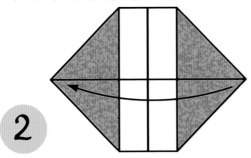

2

Lleva el lado izquierdo sobre el derecho.

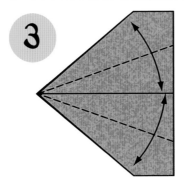

3

Pliega y despliega según indican las flechas.

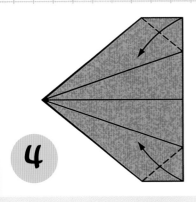

Pliega las esquinas superior e inferior siguiendo las flechas.

4

5

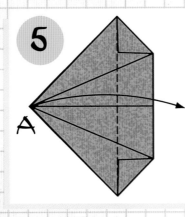

A

Tira de la punta A en dirección de la flecha, abriendo la figura.

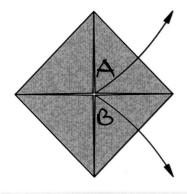

A

B

6

Abre los laterales A y B siguiendo las flechas.

7

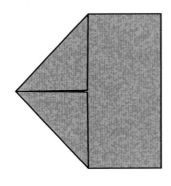

Figura con los dobleces terminados. Gira la figura.

8

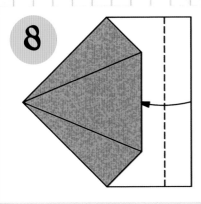

Dobla siguiendo la línea de puntos en dirección a la flecha.

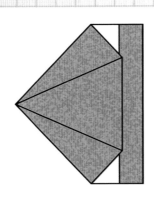

9

Figura con el pliegue anterior. Gira la figura.

✓ Una vez que hayas plegado
todas las figuras puedes probar
a aumentar tu velocidad.

11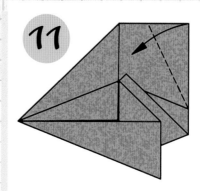

Realiza el mismo paso, pero esta vez en la parte superior.

10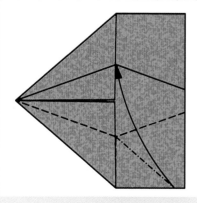

Realiza los pliegues propuestos.

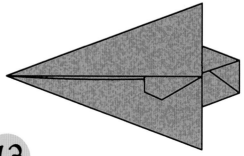

13 Figura con todos los pliegues.

12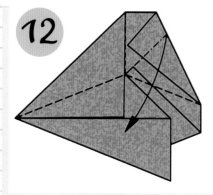

Plegamos sobre el lado contrario siguiendo la flecha.

✓ ¡Facilito, facilito, para terminar!

14

Figura terminada en su posición final.

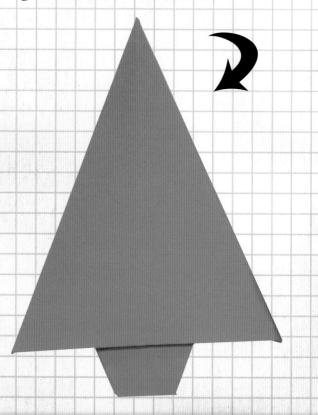

✓ CONTENIDO

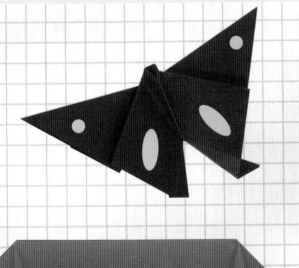